이 승 훈 시집

책만드는집

화두

―

초판 1쇄   2010년 3월 22일
지은이   이승훈
펴낸이   김영재
펴낸곳   책만드는집

―

주소   서울 마포구 합정동 428-49번지 4층 (121-887)
전화   3142-1585·6
팩스   336-8908
전자우편   chaekjip@chol.com
출판등록   1994년 1월 13일 제10-927호
ⓒ 이승훈, 2010

* 이 책의 전부 또는 일부 내용을 재사용하려면 사전에 저작권자와
  책만드는집의 동의를 받아야 합니다.
* 잘못 만들어진 책은 구입하신 서점에서 교환해드립니다.

―

ISBN   978-89-7944-328-8 (03810)

그림 무산 조오현 스님

| 자서 |

    자아도 대상도 언어도 사라지고 이제 남은 건 쓰는 행위뿐이다. 영도의 시 쓰기는 그저 쓰는 것. 배고프면 밥 먹고 잠이 오면 잔다. 무슨 이유가 있는가?

−2010년 2월
서초동에서 이승훈

| 차례 |

5 • 자서

13 • 고추
14 • 닭
15 • 좋아!
16 • 모두가 예술이다
18 • 어느 봄날
19 • 젠장 아아
20 • 약국
21 • 나의 능력은 좋은 편이다
22 • 이것도 병이다
23 • 정어리
24 • 시
25 • 자업자득
26 • 오, 아냐
27 • 난 언제나 나로부터 도망간다
28 • 시가 이젠 제정신이 아니다
29 • 비가 와서
30 • 오현 스님 1

31 · 봄날 저녁
32 · 시는 없다
33 · 난 몰상식한 시가 좋다
34 · 조이스의 코
35 · 내가 그대 주머니 속에 있다
36 · 예술은 짧고 인생도 짧다
37 · 버스 정류소
38 · 나는 지금 내가 없는 곳에 있다
39 · 병원 가는 길
40 · 한 편의 짧은 극
41 · 사팔뜨기 개구리
42 · 혼자 돌아다니는 팔
44 · 훈제 연어
45 · 코
46 · 속초에서
47 · 거룩한 무감각
48 · 한 편의 시
49 · 호준이 오는 날
50 · 그들만이 그걸 안다
51 · 이유는 없다

52 · 한 지붕 세 가족
53 · 여름밤
54 · 여름 오후 한 시
55 · 가는 봄
56 · 나쁜 건 인간이다
57 · 그것뿐이야
58 · 식당
59 · 여우비
60 · 대행 스님 법문
61 · 여름날의 네 시간
62 · 더 이상 말할 게 없다
63 · 붕어
64 · 오현 스님 2
65 · 아버지
66 · 전상국
68 · 바란다고 누구나 미치는 건 아니다
71 · 이문동
72 · 거북이
73 · 무해무익
74 · 오늘도 해가 뜬다

75 · 내가 나를 만나는 장소
76 · 비 오는 저녁
77 · 양말
78 · 박의상
79 · 옥상
80 · 만두 먹는 저녁
81 · 추운 산
82 · 주정
83 · 인생은 짧다
84 · 다만 현재를 산다
85 · 은행 가는 날
86 · 무엇이 시인가?
87 · 피카소 이야기
88 · 시골 장터
89 · 시로 쓰는 어록
90 · 증상을 즐겨라
93 · 투명한 날
94 · 아무도 없는 봄
95 · 무얼 어디서
96 · 광대들의 명상록

97 · 겨울 오후
 98 · 파리
 99 · 사람이 그립다
100 · 해가 지면
101 · 한번 웃는다
102 · 비를 피해
103 · 나는 무엇을 아는가?
104 · 천둥 치는 저녁
105 · 파리 한 마리
106 · 시 2
108 · 아들 전화
109 · 언젠가 모르겠다
110 · 오현 스님 3
111 · 가을 산길
112 · 내가 화두다
113 · 비
114 · 사랑
115 · 맨발

116 · 시론_영도의 시 쓰기

고추

 야! 고추다. 여름 오후 한 시. 천안 단국대 부근 식당에서 나와 주차장 갈 때 초등학교 4학년 호준이가 풀밭에 열린 빨간 고추 보고 소리친다. 옆에서 내가 말했지. "한 개만 따!" 그러나 고개 숙이고 보고만 있네. 등을 구부리고 하나 따서 호준이 준다. 지금 내 책상엔 어제 천안에서 따 온 빨간 고추 한 개가 있다. 고추가 아니라 빨간 태양이다.

닭

 닭 한 마리 달려오며 말하네. "이거 먹어!" 추운 봄날 오후 "그게 뭐야?" 물어도 "그저 먹으면 돼. 먹으면 돼." 말하며 서 있네. "홍 먹으면 죽을지도 모르지." 중얼대며 가던 길 돌아온다.

좋아!

 좋아! 모자를 벽에 걸며 말한다. 오늘도 비가 온다. 돌아서서 창문을 본다. 창문 앞에 책상이 있다. 정말 아무것도 아니야. 고마워. 또 저녁이야. 저녁을 괴롭히지 말자. 기차는 나보다 크고 나보다 길고 나보다 마르고 나보다 빠르고 나보다 개떡이고 해골이고 바가지다. 비 오는 저녁 기차는 비를 먹고 말대가리를 먹고 넥타이도 먹고 뭐니 뭐니 해도 양말을 먹는다. 오오 침대도 먹는다. 기차는 내가 건강한 줄 알겠지. 늦은 봄날 저녁 오현 스님이 맥주 사주시던 신사동 먹자골목 일식집. 맥주 마시다 말고 나가 술 취한 손님이 벽에 갈긴 낙서 "그대 마스카라여!" 읽고 다시 방으로 들어갔지.

모두가 예술이다

 용인공원 식당 창가에 앉아 맥주를 마신다. 앞에는 정민 교수 옆에는 오세영. 유리창엔 봄날 오후 햇살이 비친다. 탁자엔 두부, 말린 무조림, 콩나물무침, 멸치조림. 갑자기 가느다란 멸치가 말하네. "생각해봐! 생각해봐!" 도대체 무슨 생각을 하라는 건지 원! 멸치 안주로 맥주 마실 때 "이 형은 목월 선생님 사랑을 그렇게 받았지만 생전에 보답을 못 한 것 같아." 종이컵에 하얀 막걸리 따라 마시며 오세영이 말한다. "원래 사랑받는 아들 따로 있고 효자 아들 따로 있는 거야." 그때 내가 한 말이다. 양말 벗고 햇살에 발을 말리고 싶은 봄날.

 "이 군이가? 훈이가?" 대학 시절 깊은 밤 원효로 목월 선생님 찾아가면 작은 방에 엎드려 원고 쓰시다 말고 "와? 무슨 일이고?" 물으셨지. 난 그저 말없이 선생님 앞에 앉아 있었다. 아마 추위와 불안과 망상에 쫓기고 있었을 거다. 대학 시절 처음 찾아가 인사를 드리고 나올 때 "엄마야! 이 군 김치 좀 주게. 이 군 자취한다." 사모님을 엄마라 부르시고 사모님은 하얀 비닐봉지에 매운 경상도 김치를 담아주셨다. 오늘 밤에도 선생님 찾아가 꾸벅 인사드리면 "이 군이가? 훈이가? 와? 무슨 일이고?" 그러실 것만 같다.

어느 봄날

 출판사 문을 열고 들어가면 나이 든 사장 혼자 셔츠 바람으로 책상에 앉아 일을 하고 "안녕하세요!" 인사를 했지만 그는 앉으라는 말도 없이 계속 일만 하네. 빈 의자도 없고 난 창가로 간다. 창가 작은 탁자 위에 깡통이 있고 깡통 속엔 여러 종류의 담배가 들어 있다. 난 담배 한 개비를 꺼내 불을 붙이고 서서 창밖을 바라보다 돌아온다.

젠장 아아

추워서 바지가 길고 바바리도 길고 저고리 소매도 길고 추워서 추워서 바람만 부는 봄날 하마도 긴 하마다. 추워서 이 종이도 길고 볼펜도 길고 이 시도 길다. 비 오는 저녁 이 시를 들고 양복 수선소 가서 "시가 좀 길어요." 말하면 수선소 여주인이 웃을 거다. 추워서 복도도 길고 창문도 길고 나무도 길다. 추운 밤엔 긴 나무가 나를 먹으려고 달려오겠지. 나처럼 늙은 나무가 목에 긴 목도리를 하고!

약국

하루 종일 문자메시지가 온다. 메모 없음! 메모리 비우시오! 그러나 그대로 둔다. 하루 종일 메시지 보내는 놈도 미쳤고 하루 종일 그대로 두는 나도 미쳤다. 오전엔 핸드폰을 껐지만 낮잠 자고 일어나 핸드폰 켤 때 또 메시지가 온다. 그대로 두고 무슨 글을 쓸 때 또 메시지가 오네. 핸드폰을 방구석 가방에 넣는다. 그러나 메시지 오는 소리가 신경에 거슬려 핸드폰을 가방에서 꺼내 이번엔 벽장에 넣고 이 글을 쓴다. 지금은 저녁 일곱 시. 그러나 메시지 오는 소리가, 작은 소리가, 신음 소리가 다시 신경에 거슬려 이번엔 입고 있던 스웨터를 벗어 핸드폰에 씌운다. 벽장엔 스웨터 덮어쓴 핸드폰이 있다. 심심하면 벽장을 열고 스웨터 위에 '약국'이라고 제목을 붙인다. 난 발을 다쳐 걷지도 못한다.

나의 능력은 좋은 편이다

 버스 타면 창밖을 볼 수 있고 의자에 앉을 수도 있고 오늘 버스 타면 내일 밥을 먹을 수도 있고 오늘 창밖을 보면 내일 추울 수도 있다. 겨울에 버스 타면 여름에도 탈 수 있고 물론 내릴 수도 있지. 난 달걀은 안 먹는다. 그러나 황소가 달걀을 먹는다고 말한 건 프랑스 희곡 작가.

 그는 뱀이 여우에게 가서 "돈 좀 주시오!" 했더니 여우는 "돈을 줄 수 없소." 말하고 산딸기와 병아리와 꿀이 가득한 계곡으로 달아났지만 계곡엔 벌써 뱀이 웃으며 여우를 기다린다고 했지. 여우는 칼을 뽑아 들고 "사는 법을 알려주마!" 외치고 다시 도망갔지. 그러나 뱀이 더 빨라서 여우의 이마를 내리치니까 여우는 "아냐 난 정말 네 딸이 아냐." 소리치면서 산산조각이 나고 말았대요.

이것도 병이다

 옷 때문에 책을 못 읽고 아무 생각도 할 수 없다. 저녁 무렵 낡은 스웨터 입고 소파에 앉아 책을 읽으려고 했지만 아무 취미도 없는 나는 저녁이면 책상 옆에 있는 낡은 소파에 앉지만 책상에 스탠드를 켜고 책상은 소파 왼쪽에 있고 소파 뒤는 벽이고 소파 바른쪽엔 고물 선풍기가 있지.
 그러나 옷 때문에 고생이다. 헐렁한 잿빛 낡은 스웨터를 입었지만 바른팔이 조이고 소매를 팔꿈치 위로 올려도 답답하고 어깨까지 올려도 답답해서 벌떡 일어나 가위로 소매를 자르려다 참고 다른 스웨터로 갈아입는다. 그러나 이놈의 스웨터는 어깨까지 소매를 올려도 너무 헐렁해 계속 내려오고 할 수 없이 다른 스웨터를 찾아 입는다. 몸을 조이는 스웨터다. 이놈의 스웨터는 소매를 어깨까지 올려도 흘러내리지는 않지만 팔을 조이고 팔 때문에 팔 때문에 책도 못 읽고 빌어먹을! 아내는 거실에서 그것도 병이라고 사도세자도 그 병으로 죽었다고 뒤주에 갇혀 죽었다고 말하네. 그럼 나도 뒤주에 갇혀 죽으라는 거야? 뭐야?

정어리

 난 정어리 먹은 기억이 없다. 그러나 정어리는 벽을 뚫고 고개를 내밀고 "넌 먹은 적이 있어!" 말하네. "그럼 고래도 먹었단 말이야?" 내가 묻자 정어리는 벽 속으로 사라지고 사람 중에는 정어리 먹은 사람과 정어리 먹지 않은 사람이 있고 정어리 먹으러 가는 사람과 정어리 먹고 오는 사람이 있고 정어리에 대해 시를 쓰는 사람과 정어리에 대해 시를 쓰지 않는 사람이 있고 정어리 알을 먹는 사람과 정어리 알을 먹지 않는 사람과 굴비 먹는 사람이 있다. 난 지금 굴비를 먹는다. 어린 시절 고향에선 꽁치를 먹었다.

시

  개량 한복 입고 2층 카페 문을 열고 들어간다. 주인도 없고 손님도 없는 봄날 오후 네 시 한 여자가 창가 긴 의자에 누워 자고 있다. "아무도 없어요?" 카운터에서 큰 소리로 부르자 의자에 누워 자던 여자가 일어난다. 카페 주인이다. 그래! 당신이 시다. 손님 없는 카페 긴 의자에 구두 벗고 누워 자던 당신이 시야. 당신 구두도 시고 카페 계단 유리 상자에 있던 작은 자전거 바퀴도 시다. 나는 더 이상 시를 쓰지 않는다. 시를 만들지 않는다. 상상하지 않는다. 내가 시이고 나는 없기 때문에 모두가 시고 시가 아니다. 오오 극락이여. 진지한 건 질색이다.

자업자득

 하루 종일 비가 오다 그친 저녁 갑자기 해가 나면 모자 쓰고 나가 입을 벌리고 갠 하늘 쳐다본다. "미친 자식!" 지나가던 사람이 돌아보며 욕을 한다. "그러니까 내가 뭐랬어? 비가 그치고 해가 난다고 세상이 달라진 건 없어!" 중얼대며 돌아온다.

오, 아냐

세상엔 운이 나쁜 사람도 있고 성공하지 못한 사람도 있고 밥을 먹는 사람 버스 타는 사람 발을 다친 사람도 있고 성공한 사람 개를 끌고 가는 사람 목욕하는 사람도 있고 자면서 헛소리하는 사람 자다 말고 벌떡 일어나는 사람도 있다. 유명하지 않은 사람도 있고 키가 큰 사람도 있고 하루 종일 문자메시지 보내는 사람 불평하는 사람 오리 고기 먹는 사람 조그만 방에서 외롭게 지내는 사람 화를 내는 사람 화약을 먹는 사람 구두 신는 사람 당근 먹는 사람 할 말이 없는 사람 지붕에 서 있는 사람 지팡이 짚고 가는 나 같은 사람도 있다 오! 아냐 무당도 있고 은퇴한 교수도 있고 피아노 같은 사람 전깃줄 같은 사람 플라스틱 같은 사람 하루 종일 멍멍 짖는 사람도 있다.

난 언제나 나로부터 도망간다

　오늘은 태양도 웃음거리. 나도 웃음거리. 지팡이 짚고 병원 가는 내가 웃음거리다. 어제 낙상하고 발이 부어 걸을 수 없는 내가 병원 간다. 일요일 오전 한대병원 응급실로 들어간다. 지팡이 짚고 절뚝거리며 들어가는 내가 웃음거리. 구두 신을 수 없어 슬리퍼 끌고 가는 내가 웃음거리다. 응급실 작은 침대에 앉아 김밥 먹을 때 건너편 침대엔 한 여인이 누워 있고 침대 옆 의자에 앉은 중년 남자가 나를 바라보네. 김밥도 웃음거리 침대 옆에 세워둔 지팡이도 웃음거리. 유리창 너머 날아가던 새가 나를 보고 와—! 웃네. 은퇴한 교수가 발을 다쳐 응급실 침대에 앉아 있는 오전.

시가 이젠 제정신이 아니다

　이젠 책상도 잠자러 가고 나 혼자 방에 앉아 무얼 하지? 문을 열고 나가 현관 신발장에서 구두를 꺼낸다. 밑창이 너덜대는 구두다. "나를 먹어!" 구두 보고 말하지만 구두는 인간이 아니기 때문에 내 말을 알아듣지 못한다.

비가 와서

비 오는 봄밤 북가좌동 작은 중국집에 앉아 술 마시다 말고 화장실 가려고 구두 찾아도 구두가 없네. 주인 여자에게 "구두가 없어요." 말할 때 밖에는 비가 오고 채선 시인이 내 구두를 신고 오네. "아니 어떻게 된 거야요?" "네. 슬리퍼가 없어서 신었어요." 그는 주방에 가서 무슨 부탁을 하고 오던 길이다. 난 문간 구석에서 우산을 찾지만 찾을 수 없어 아무 우산이나 하나 들고 나간다.

화장실은 건물 바른쪽으로 돌아가면 있다고 했지. 우산 들고 2층 계단을 올라간다. 비는 계속 내리고 계단을 내려간다. 우산 들고 다시 중국집 문을 연다. 그러나 이상하다. 불빛 환한 실내엔 예쁜 미인들이 손님 머리를 손질하며 "무슨 일이세요?" 묻고 난 "미안합니다." 인사를 하고 나온다. 비가 와서 중국집 옆 미용소로 잘못 들어간 것. 비가 와서 비가 와서 봄밤 북가좌동에서! 그러나 이런 이야기는 그때 함께 있던 원구식 형에게도 강희근 형에게도 하지 않았다. 창피하잖아?

오현 스님 1

 구두 벗고 들어가면 넓은 법당 지나 작은 방이 있고 스님은 작은 방 의자에 앉아 웃으신다. 방바닥엔 하얀 해골이 있다. 버튼을 누르면 노래하는 해골. 말도 하겠지. 말도 하고 노래도 하고 춤도 추겠지. 하얀 해골바가지. 두통도 모르는 해골바가지. 그는 방바닥에 서서 스님 말씀 듣고 난 의자에 앉아 스님 말씀 듣는 늦은 봄날 오후.

봄날 저녁

은퇴한 교수가 대학에서 강의하고 돌아오는 저녁 아파트 앞 작은 길에서 한 여인이 "이리 와! 이리 와!" 고개 숙이고 손짓을 하네. 나를 부르는 건가? 부지런히 다가간다. 조그만 강아지를 부른다. 그러나 빨간 옷까지 입은 강아지는 도무지 움직이지 않고 해가 지는 봄날 저녁 그녀는 계속 손짓을 한다. "이리 와! 이리 와!"

시는 없다

 "3호 법정이 어딥니까?" 본관 앞에서 경찰에게 묻는다. "이 건물 뒤로 돌아가시면 끝에 철문이 있습니다. 거기가 3호 법정입니다." 흐린 여름 오후 가방 들고 건물 뒤로 간다. 철문이 나온다. 개정 중이라고 되어 있다. 철문을 열고 들어간다.

 "원고는 2백만 원을 피고에게 주었다고 하는데 증인이 있습니까?" 젊은 판사가 묻는다. "네 증인이 있습니다." "누굽니까?" "김 아무개입니다." "그를 증인으로 세울까요?" "그런데 그는 죽었습니다." 원고와 피고는 나이 든 주부들 곗돈 관계로 재판을 한다.

 이번엔 공사장 노동자들. 판사가 원고에게 묻는다. "그럼 그때 계약서를 쓰셨습니까?" "아니요. 구두계약입니다." "그럼 피고는 원고와 구두로 계약한 사실이 있습니까?" "전혀 없습니다." "그럼 원고와 피고 두 분이 화해를 하세요. 화해 의향 있으십니까?" 피고 : 없습니다. 판사가 원고에게 : 그러니까 계약을 할 때는 계약서를 꼭 쓰셔야죠. 원고가 불리해요.

 난 서울에서 고향까지 내려가 법정에 앉아 있다. 죽은 아우 빚 때문이다. 이름을 부를 때까지 기다려야 한다.

난 몰상식한 시가 좋다

 20년이 넘는다. 똑같은 방에서 똑같은 방을 보며 똑같은 방과 함께 웃으며 담배 피우며 똑같은 책상 똑같은 의자 아아 얼마 만이야? 벽에 걸린 거울도 똑같고 거울 보는 나도 똑같고 20년 20년 아니 백 년이다. 스탠드 재떨이도 똑같지. 이 방에서 이 방을 먹으며 똑같은 저녁이면 똑같은 방을 목욕시키고 똑같은 옷을 갈아입혔지. "그렇고말고요." 방이 말하고 난 "잠자코 있어!" 소리친다. 이 방이 아프리카인지 모른다. 난 몰상식한 시가 좋다. 백 년 동안 목마른 방에게 물 한 컵 주며 살았지.

조이스의 코

조이스는 코가 길고 난 코가 아프고 뭐라고 뭐라고 뭐라고 개가 짖는 저녁 아무도 없는 아파트에 앉아 있는 저녁 아니 새벽이다 잠자다 깨어 물 마시려고 침대에서 일어서는 새벽 그러나 어디서 개 짖는 소리 핑계를 대고 다시 침대에 눕는다

내가 그대 주머니 속에 있다

 추운 저녁 골목에서 길을 못 찾아 지나가던 사람에게 물었지. "이 길로 가면 어디가 됩니까?" 그 사람은 "네!" 대답하고 그냥 가더라.

예술은 짧고 인생도 짧다

당신도 신기루 당신이 쓰는 시도 신기루 이런 소리를 하는 나도 신기루 오늘 내리는 비도 어제 내리던 비도 모두 신기루입니다. 신기루는 식중독이 아니고 신발도 아니고 현관도 아니고 신을 신지도 않습니다. 물론 신기루는 식초가 아닙니다. 어제 이 방을 돌아다니던 고양이도 신기루인지 몰라요. 고양이가 다가오자 기겁을 하고 도망가던 나도 신기루입니다. 아마 기선인지 모르죠. 어제는 맞춤 양복이 답답해서 헐렁한 기성 양복을 샀어요. 헐렁하게 사세요. 바보가 되면 더 좋죠. 이런 시는 나 같은 바보가 씁니다.

덕산 스님이 어느 날 공양이 늦어지자 손수 발우를 들고 법당에 이르렀다. 공양주이던 설봉 스님이 이것을 보고 "늙은이가 종도 치지 않고 북도 두드리지 않았는데 발우를 들고 어디로 가는가?" 하니 덕산 스님은 머리를 숙이고 곧장 방장으로 돌아갔다.

버스 정류소

 최근에 내가 쓰는 시는 콩트시 1인극시 편지시 일기시 수필시 대화시 평론시야. 김이듬은 미친 소리라고 했지만. 멋대로 읽어라. 뒤죽박죽 소란 소음 소 우는 소리 새들이 짹짹거리는 소리. 나오는 대로 쓰는 거야. 막히면 쉬고 화장실 다녀오고 화장실 다녀오다 넘어지고 카스테라 카스테라 마스카라 카메라 카스테라가 카메라야. 그럼 그대 마스카라가 카스테라야? 이 시도 외국어라고 생각하면 되고 문학은 원래 잡스러운 거야. 내가 없으므로 서정도 없고 무슨 의도도 없고 메시지도 없고

 기다린 것도 없고 기다릴 것도 없고 키다리도 없고 코끼리도 없다. 언제나 외톨이로 사네. 오전엔 담배도 사고 열린 바다 파래 김 생각이 나서 우성쇼핑 계단을 내려갔지. 일요일에도 문을 여는 건물 계단을 내려가 김을 사고 파는 사려다 그만두고 계란도 그만두고 눈이 내리는 줄 알고 아아 갑자기 눈이 내리는 줄 알고 부지런히 밖으로 나왔지만 여름 오전 로터리엔 고운 해만 내리더라. 만약 김이 없다면 김을 살 수 없었겠지.

나는 지금 내가 없는 곳에 있다

 강의실 중간에 앉은 학생이 갑자기 질문을 한다. "선생님은 요즘도 매일 술을 드십니까?" "그럼요. 알코올중독이죠. 해질 무렵 알코올중독입니다. 그러나 아침부터 마시지는 않습니다."
 강의가 끝나고 복도를 걷는다. 2층 계단을 내려갈 때 안경이 없다. "이상하군. 안경을 쓰고 있었는데." 중얼대며 다시 강의실로 간다. 학생들이 앉아 시험을 본다. 낯선 감독 교수에게 묻는다. "혹시 안경 못 봤습니까?" 그는 학생들에게 묻는다. "안경 못 봤어요?" 한 학생이 대답한다. "누군가 안경을 들고 있었어요. 그러나 누군지 모르겠어요."
 "흥 잘됐어." 강의실을 나온다. 내가 죽었다고 생각하면 되지. 오늘도 죽고 내일도 죽고 죽은 내가 모자 쓰고 떠돈다고 그래도 돼. 그래도 돼. 끝없이 잊어버리자. 죽은 내가 죽음에 대해 생각한다고 생각하며 강의실 복도를 걷는다.

병원 가는 길

 오전 열 시 아내가 운전하는 차를 타고 신촌 세브란스병원 가는 길. "지난겨울 대식이 부부와 함께 식사할 때 당신이 하는 말을 듣고 대식이 처가 당신 정신과 치료를 받아야 한다고 그래요." 아내가 하는 말이다. "그래?" "그래서 그건 당신이 알아서 한다고 했죠." 대식이는 오랜만에 미국에서 놀러 온 공과대학 친구. 그때 맥주 마시며 내가 무슨 소리를 했는지 기억이 안 나지만 잠시 담배 피우려고 자리를 비운 사이 대식이 처가 그런 말을 한 모양이다. 글쎄 정신과 치료를 받아야 한다고. 내시경 검사 받으러 병원 가는 길에 아내가 하는 말이다. 도대체 내가 무슨 소리를 했는지 모르지만 지금도 무슨 소리를 하는지 모르지만 내가 이 글을 쓰며 누워 있는지 모르지만 글쎄 정신과 치료를 받아야 한다고?

한 편의 짧은 극

"베개도 가지고 가는 거야?" "아냐. 베개는 그대로 있어." "그럼 들고 있는 게 뭐야?" "응 책이야." "그럼 책이 베개야?" "아냐. 베개는 벽장에 있어." 여름이 오는 날 책을 들고 있는 나를 보고 누가 자꾸 묻는다. 베개를 들고 어디로 가느냐고? 글쎄 해가 환한 대낮에 베개를 들고 어디로 가느냐고?

사팔뜨기 개구리

 사팔뜨기 개구리 귀여운 개구리가 나를 쳐다보네. "똑바로 봐!" 소리쳐도 자꾸 다른 곳만 보네. 갑자기 화가 나서 한 대 때렸지. 개구리는 울면서 떠났지. 사팔뜨기 개구리 귀여운 개구리.

혼자 돌아다니는 팔

 이젠 고맙다고 해야지. 이렇게 늙은 게 고맙고 병든 게 고맙고 아픈 게 고맙다. 모두 고맙다. 내가 없으니까 모두 고맙다. 하루 종일 내리는 비도 고맙고 모기도 고맙고 밤새도록 내 피를 빨아먹는 모기도 고맙다. 비 오는 저녁 맥주 배달 온 지하상가 총각도 고맙다. 아직도 맥주 마시는 게 고맙고 헤매는 게 고맙고 파출부가 식탁에 씻어놓은 복숭아도 고맙고

 이런 밤엔 떠난 사람도 고맙다. 개미도 고맙고 거미하고 노는 나도 고맙고 발톱도 고맙다. 무엇보다 힘이 없는 내가 고맙고 고구마도 고맙고 고단한 고단한 삶도 고맙다. 선생님 잡비 하라고 이십만 원을 봉투에 넣어준 나이 든 제자도 고맙고 두통도 고맙다. 내가 없으니까 모두 고맙다. 고래도 고맙고 고뇌도 고맙고 고등어 고드름 고독 고등어의 고독 이 고독도 고맙다. 고색이 창연하다.

 고양이 우는 소리 고함 소리 이 고문도 고맙다. 오늘 밤은 고마운 밤. 이 가느다란 가냘픈 빈약한 밤도 고맙다. 시를 포

기하고 쓰니까 시도 고맙다. 내 뒤에 있는 내가 고맙고 시간 뒤에 있는 시간이 고맙고 시 뒤에 있는 시가 고맙다. 너무 고마워 갑자기 쏟아지는 눈물도 갑자기 내리는 비도 사라지는 비누도 우산도 고사리도 오늘 점심때 먹은 고사리도 고맙다. 혀를 늘어뜨리고 찾아오던 고독도!

훈제 연어

식사 시간이 끝난 모양이다. 식당인지 교실인지 생각나지 않지만 넓은 홀에서 젊은 여인들이 식기를 씻어 책상 위에 놓는다. 환한 대낮 홀엔 손님들이 없다. 난 식기 씻는 여인에게 가서 "이젠 식사가 안 되나 보죠?" 묻는다. "네. 끝났어요." 그녀의 대답. 그러나 그녀 앞엔 밥도 있고 국도 있고 반찬도 있다. 난 그대로 나온다.

코

 아침부터 코가 막히고 한대병원 장례식장에서도 막히고 전철에서도 막히고 난 언제나 코가 문제다. 비염인지 모르지만 병원엔 안 간다. 코가 막히면 머리도 막히고 왼편으로 가면 바른편이 막히고 앞으로 가면 뒤가 막힌다. 일어서도 막히고 앉아도 막히고 누워도 막힌다. 코를 떼어 주머니에 넣을 수도 없고 코를 뺄 수도 없다. 코는 빨래가 아니다. 코를 삼킬 수도 없고 뱉을 수도 없고 코를 포기할 수도 없다. "나 좀 살려줘!" 말해도 코는 웃으면서 막힌 코가 막힌 코가 이런 시를 쓰는 나를 보고 "집어치워!" 말하네. 그래 집어치우자. 코가 막힌 주제에 시를 쓰다니!

속초에서

 속초 시외버스 터미널 송준영은 강릉행 버스로 먼저 떠나고 난 한 시 십 분발 서울행 버스를 기다린다. 비가 오락가락하는 8월. 한 시 십 분이 되어도 버스가 안 온다. 승차장에 서서 비 내리는 거리를 바라본다. 옆에는 백담사 하안거 마치고 돌아가는 젊은 스님이 서 있다. "한 시 십 분인데 버스가 안 오네요." 스님 보고 말하자 스님은 웃으며 "오겠죠. 뭐." 대답하네.

거룩한 무감각

한 개의 저녁 대신 열 개의 저녁이 오고 열다섯 개의 저녁이 오고 동시에 백 개의 저녁이 오면 정신을 차릴 수 없지. 어떻게 상을 차려야 하나? 여보시오. 백 개의 저녁이 동시에 오면 시장 볼 시간도 없고 우리 집엔 백 개의 밥상도 없고 그러니까 저녁이 오기 전에 대문도 닫고 창문도 닫고 커튼을 치고 저녁이 떠날 때까지 저녁이 사라질 때까지 저녁이 굶어 죽을 때까지 저녁에게 미안하지만, 어떻게 생각하세요? 이놈의 저녁이 웃으며 도망간 다음 나 혼자 저녁을 먹지요. 저녁도 배고프고 나도 배고프니까 내가 저녁에게 줄 건 없으니까 주머니를 줄 수도 없고 어깨를 줄 수도 없다. 아아 그만 쓰자. 또 머리가 아파온다. 저녁은 저물고 난 물렁물렁하고 이렇게 저녁과 싸우며 늙어 죽는 거다. 오현 스님은 엘리베이터 앞까지 배웅해주시며 "이 선생. 오래 살아야 해." 말씀하셨지만.

한 편의 시

어제는 비가 오고 오늘은 해가 난다. 아우와 춘천 성묘 가는 길. 지난해엔 혼자 버스 타고 갔지. 오늘은 아우가 차를 몰고 아우 옆에 앉아 간다. 경춘가도 노란 꽃들을 보고 "저 꽃 이름이 뭐야?" 묻는다. "저도 몰라요." 아우 대답이다. 가을 오전 열한 시. "형님. 식사는 어떻게 하실래요?" 아우가 묻는다. "춘천에 도착하면 설렁탕이나 먹자!" 그러나 춘천엔 닭갈비 막국수만 파네. "형님. 춘천 공원묘지 입구에 보리밥 파는 식당이 있어요. 보리밥 하실래요?" "그래? 그러자." 춘천 지나 샘밭 지나 공원묘지 입구 새로 지은 식당 앞에 차를 세운다. 구두를 벗고 식당으로 들어간다. 텅 빈 식당 나이 든 노동자 부부가 앉은뱅이 식탁에 마주 앉아 식사를 하고 우린 창가에 앉는다. 보리밥 풋고추 된장이 나오고 나물도 나온다. 밥 먹다 말고 고개 들고 창밖을 본다. 잠자리 한 마리 날아간다.

호준이 오는 날

 오늘은 호준이 오는 날 호준이 미국에서 오는 날 호준이 미국에서 비행기 타고 오는 날 호준이가 몇 살인가? 그래 호준이는 열 살이다. 여덟 살 때 미국 간 호준이 열 살 되고 어제는 술을 마시고 돌아와 주정한 날 그러나 물컵을 던지지는 않았다. 오늘은 오전에 흐리고 저녁 무렵 해가 나네. 호준이는 저녁에 인천국제공항에 도착한다. 해야 펑펑 쏟아져라! 오늘은 호준이 오는 날.

그들만이 그걸 안다

잠을 자려고 작은 침대에 누운 밤 바람이 불고 갑자기 문이 열리고 낯선 손이 하나 들어오더니 방바닥에 벗어놓은 옷을 들고 나가더라.

이유는 없다

 내가 밥을 빨리 먹는 건 빨리 먹기 때문이다. 어느 날은 배가 고파 빨리 먹고 배가 고프지 않아도 빨리 먹지만 낮에는 거실 탁자에 앉아 빨리 먹고 밤에는 주방 싱크대에 서서 빨리 먹는다. 낮에는 혼자 앉아 먹지만 밤에는 혼자 서서 먹는다. 난 이슬을 먹은 적이 없고 뱀도 먹은 적이 없고 자전거도 먹은 적이 없다. 저녁에는 맥주 마시고 밤에는 밥을 빨리 먹고 맥주도 거실 바닥에 앉아 TV 보며 빨리 마신다. 피로는 오전부터 몰려오지만 오전엔 굶고 낮에 밥을 빨리 먹고 주방 옆 작은 다용도실에 앉아 빨래도 하고 수도를 틀어놓고 대야에 떨어지는 수돗물 구경도 하고 담배를 끊으려고 담배를 피운다. 피로가 엄습하면 약을 먹고 밤이 길기 때문에 맥주를 마신다. 긴 건 질색이다. 긴 시를 누가 읽으랴?

한 지붕 세 가족

A : 얘 사고 난 거 아냐?

B : 어유, 그 형이 사고를 내요? 형, 그 형 차 안 타봤어요? 주행속도 평균 이십 킬로미터야요.

C : 야! 차 슬슬 몬다고 사고 안 나는 줄 아니? 술 먹은 차가 다짜고짜 중앙선 넘어오면 제가 어떡할 거야? 사고란 예측 불허다. 너 나 지난번에 뒤통수 다쳤을 때 봐라. 설마하니 마누라가 나한테 재떨이 던질 줄 꿈엔들 알았겠냐? 나 고소도 못 하고 두 바늘 꿰맸다.

여름밤

의자도 책상도 수군거리는 밤. 하하 웃는 밤. 꿀떡꿀떡 물 마시는 밤. 와와 소리 지르는 밤. 구름도 와와 소리 지르고 마당에 넌 빨래도 와와 소리 지르고 와작와작 깨물어 먹는 밤. 하하 이런 시는 내가 아니라 밤이 쓴다. 킥킥 웃으며 곰이 쓰고 고양이가 쓰는 시. 흐흐 고양이가 쓰면 이제 난 시를 쓸 필요가 없지. 고양이가 야옹 울면 꿩도 울고 피라미 피라미 이 밤에도 강원도 인제군 내린천엔 피라미가 뛰겠지. 파삭파삭 마르는 밤. 피라미 새끼도 뛰겠지. 서걱서걱 무를 먹는 밤. 거북이는 휙휙 지나가고 염소들이 웃고 소들도 웃는 밤.

여름 오후 한 시

 젊은 택시 기사가 웃으며 말한다. "몸이 마르셔서 여름엔 땀도 안 나고 좋겠어요. 어디로 가십니까?" "네 강남 고속버스 터미널 영동선 방향입니다." "강원도로 떠나시나 보죠?" "아닙니다. 충청도에 일이 있어서 갑니다." "강원도든 충청도든 떠나는 게 얼마나 좋습니까?"

가는 봄

　올봄엔 코도 헐고 코에 상처도 나고 엉망이다. 바른손이 아파 손바닥 펴 탁자에 놓을 때 휴대폰이 울린다. 시골에서 카페를 하는 Y 시인 전화다. "선생님 스승의 날 선물도 못 하고 갑자기 생각이 나서 전화했어요." "응 잘했어. 그런데 장사는 어때?" "잘 안돼요. 그러나 관계없어요. 제가 돈을 벌면 선생님 용돈 많이 드릴게요." "고마워." "선생님 지금 뭐하세요? 봄날이 힘드시죠?" "응 술 먹어." 해가 지는 창가에 앉아 그렇게 봄날은 간다.

나쁜 건 인간이다

옛날 산속에 귀신이 살았습니다. 키도 작고 못생긴 귀신. 발가락이 뒤에 있고 발꿈치는 앞에 있는 귀신. 말을 하지만 알아들을 수 없습니다. 어느 날 귀신은 마을로 내려와 냄비와 그릇을 빌려달라고 했습니다. 마음씨 나쁜 인간들은 종이 냄비와 종이 그릇을 빌려주었습니다. 귀신은 "고맙습니다." 인사하고 몹시 기뻐하며 돌아갔습니다. 냄비를 불에 놓았습니다. 냄비도 그릇도 불에 타버렸습니다. 그러나 귀신은 약속을 지키기 위해 부잣집 부엌에서 몰래 그릇들을 훔쳐 마을 사람에게 돌려주었습니다. 정말 나쁜 건 인간입니다. 이건 남회근 선생 '금강경 강의'에 나오는 이야기다.

그것뿐이야

 담요로 몸을 싸고 누워 있던 밤도 있고 배가 아파 두 손을 배에 대고 누워 있던 밤도 있고 이마에 한 손을 얹고 누워 있던 밤 이불로 몸을 싸던 밤 침대에 코를 박던 밤 성냥을 찾으려다 그만둔 밤 기침이 나서 입을 틀어막던 밤 벌떡 일어나 현관으로 나가 구두 닦던 밤 구만리를 가던 밤 돌아오던 밤 "티베트에서 오는 거야?" 누가 묻고 "아니야. 춘천에서 오는 거야." 대답했지.

식당

 심부름하는 여자애가 식탁에 떡을 갖다 놓는다. 흐린 봄날 오후 법원 부근 고급 한식집. 그러나 난 떡은 안 먹고 식탁에 놓인 푸성귀만 먹는다. 이젠 토끼가 다 되었나 보다.

여우비

해가 나고 여우비 지나가고 다시 해가 난다. 스님은 작은 방에 앉아 계시고 난 스님 앞에 고개 숙여 큰절을 올렸지. 스님도 마주 고개 숙여 절을 받으시고 난 방을 나와 산길을 올라간다. 산 아래 시냇물이 흐르고 시냇물 따라 몇 채의 집이 있다. 산길이 끝나는 곳 작은 방에 짐을 푼다. 배가 고프다. 아무리 기다려도 식사 소식이 없다.

방을 나와 언덕길을 올라가면 카페다. 문을 열고 들어간다. 원탁 두 개가 있고 하나는 큰 원탁 의자 네 개 하나는 작은 원탁 의자 세 개다. 큰 원탁에 앉으려다 작은 원탁으로 간다. 작은 원탁엔 밥과 국과 반찬이 있다. 수저로 국을 뜬다. 그러나 국물이 떨어져 바지에 국물 자국이 생긴다. 식사를 포기하고 카페를 나온다.

대행 스님 법문

또 우리 선원에 다니면서 진심으로 믿었던 소금 장수 한 사람이 있었어요. 소금을 이고 다니면서 팔던 사람인데 남편은 미쳐서 그냥 바깥으로 뛰쳐나가고 자기는 무거운 소금을 지고 다니면서 자궁암에 걸려서 그렇게 애를 쓰던 사람이었어요. 그 부부가 자식들을 사 남매 낳아놓고 자기 집도 없었죠. 방 두 개를 사글세로 들어 살면서 다니던 사람이 어떻게 정성을 들인 줄 아십니까? 소금을 이고 가다가 시간이 없는데도 절에 와서 소금 한 공기를 먼저 떠놓고 갔습니다. 하혈을 해서 얼굴은 백지장 같은데 그렇게 하고 갈 때 나는 눈물이 하염없이 흐를 때가 한두 번이 아니었습니다. 그렇게 해서 그만 그 마음의 상처가 지워지기 시작했습니다. 자궁암은 저절로 낫고 남편도 저절로 나아 철공 일을 하게 됐고 그 보살은 소금 팔던 걸 놓고 김밥을 싸서 어느 회사에 넣게 됐습니다. 내가 잘되게 해서 그런 게 아니라 자기가 잘되게 했기 때문에 자기가 잘된 겁니다.

여름날의 네 시간

 내가 지금 이 방에 없다면 이 방도 없을 것이다. 빨리 없을 것이다. 내가 나가면 방도 나가기 때문에 내가 빨리 나가면 방도 빨리 나가고 내가 더 빨리 나가면 방도 더 빨리 나간다. 그러나 내가 나가지 않아도 방이 나간다. 내가 왼쪽으로 가면 방은 오른쪽으로 가고 내가 오른쪽으로 가면 방은 왼쪽으로 가고 나와 방은 동시에 왼쪽으로 가고 동시에 오른쪽으로 가고 내가 느리게 가도 방은 빨리 간다. 내가 앉아도 방은 빨리 간다. 나도 방도 제정신이 아니다.

더 이상 말할 게 없다

맑고 야윈 날 길가 포장마차에서 하얀 호떡 하나 사 먹고 돌아와 방바닥 보네. 이미 죽은 듯이 웃으며 방바닥 보는 저녁. 나는 방바닥이 아니지만 방바닥이 바로 나다.

붕어

 모기는 밥 먹어도 배부른 걸 모른다고 초등학교 3학년 호준이는 거실 창가에 서서 말하고 난 창가에 앉아 어항 속 붕어 보며 "그럼 붕어도 배부른 걸 모르는 거야?" 묻네. 붕어 밥 주는 여름 저녁 여섯 시. 어제 한 마리 죽고 오늘은 네 마리가 논다. "아마 죽은 붕어도 배부른 걸 모르고 자꾸 먹다 죽은 것 같아요." 서서 어항 들여다보며 호준이가 말하네.

오현 스님 2

 가는 비 내리는 여름 오전 백담사 선방 부근 새로 지은 한옥 작은 방에 앉아 스님이 말씀하시네. "내가 여기서 살다 죽으려고 나무들을 베어내고 이 집을 지었어요. 그런데 집을 짓고 방에 누워 잘 때 나무들이 나타나는 거야. 죽은 나무들이 방으로 들어와 당신 혼자 살려고 우리들을 죽인 거야? 말하고 죽은 나무들이 밤이면 또 찾아와 말하고 그래서 이 집을 떠났지."

아버지

 돌아가신 아버지가 작은방 벽에 등을 기대고 앉아 물으신다. "그래 넌 무얼 하며 먹고 사니?" "네. 그동안 의술을 배웠어요." 창 너머 속초 바다가 보인다. "그럼 됐다." 아버지는 아무 표정 없이 말씀하시고 물끄러미 바다를 바라보신다.

전상국

 김유정 문인촌 기념관 마당을 지나 개조한 생가로 들어간다. 가을비가 내린다. 큰방엔 아무도 없고 옆방에선 여인들 노랫소리. 큰 방에 앉아 담배 피울 때 고교 시절 친구 전상국이 들어온다. 그는 문인촌 촌장이다. 곧장 옆방 문을 열고 방을 비우라고 한다. 노래 연습 하던 여인들이 나간다. 그는 작은 방에 서서 손짓을 하며 "들어와! 승훈아!" 말한다. 난 옆방으로 간다. 방바닥이 따뜻하다. 잠시 후 강원 문인들이 큰 방에 모이고 그는 큰 방으로 가더니 또 손짓을 하며 "승훈아! 이리 와!" 말하고 난 "여기도 좋아!"라고 했지만 "글쎄 이리 와 앉아!" 손짓을 한다. 난 다시 큰 방으로 간다.

 김유정 선생 탄생 백 주년 기념 강원 문인들 모임이다. "저 방이 따뜻한데 왜 이리 오라는 거야?" 옆에 앉은 상국에게 투정을 부릴 때 "넌 옛날에도 따뜻한 것만 찾았어." 말하며 일어서더니 개회사를 한다. "옛날 고교 시절 친구들이 모처럼 허름한 식당에 모여 겨울 저녁 돈이 없어 찌개 하나 시켜놓고 막걸리 먹을 때 글쎄 승훈이는 술도 안 마시며 '난 뜨거운 국물이 좋아' 하며 국물을 마시는 겁니다. 우린 먹고 싶어도 아끼고 술만 마시는데 글쎄 얘가 그랬어요." 큰 키가 일어서면 더 크게 보이는 그가 옛날 이야기를 한다. 가을비 내리던 오후 세 시.

바란다고 누구나 미치는 건 아니다

 K 형! 비 오는 밤 떨리는 손으로 이 글을 씁니다. 비 오는 밤을 사랑하세요. 비에 젖는 벽을 사랑하고 마당도 사랑하고 오늘도 오늘을 사랑하세요. 까마귀도 악몽도 모두 당신 친구입니다. 살 가치가 없다는 걸 사랑하고 쓸 가치가 없다는 걸 사랑하고 더 이상 쓸 수 없을 때 매일 여덟 시간을 의자에 앉아 있던 작가 생각이 나요. 그는 하루 종일 세 문장을 쓰고 지우며 의자에 앉아 있었어요.

 K 형! 예술가들은 병약하고 장애에 시달리고 정신의 장벽과 싸웁니다. 예술은 사교를 모르고 현실을 모르고 만성 정신질환 우울증 피로 알코올중독 적응장애 무서운 소외가 낳습니다. 소외를 사랑하세요. 당신도 없고 나도 없는 낭인 언제나 떠도는 非僧非俗 예술가는 행려병자 두타행 스님을 닮아야 합니다. 예술은 광기이고 광기의 끝이 해탈이죠. 미친 소리 쓰레기 무덤을 사랑하세요. 가짜들을 믿지 마세요. 당신과 싸우세요.

 K 형! 이런 밤엔 무덤에서 자고 시장 바닥에 나가 방울을 흔들던 보화 스님 생각도 나고 너무 추워 대웅전 木佛을 태우

던 단하 스님 생각도 나고 배고프면 밥 먹고 잠 오면 자고 난 정년퇴임하고 노는 게 너무 좋아요. 하루 종일 길바닥에 누워 있다고 할까? 사는 건 코미디 내가 쓴 시도 코미디 이런 글도 코미디 그러나 이 코미디가 靑山입니다. 우리 시인들은 너무 말이 많고 고색이 창연하고 엄숙해서 웃기죠.

K 형! 시는 언제 미칠지 모르는 공포 속에서 당신과 싸우는 일입니다. 언어는 이성의 죄 그러므로 의미의 추락을 사랑하세요. 시는 질서, 규범, 형식과 싸우는 일. 당신에게 솔직하세요. 좀 더 괴짜가 되세요. 기존의 패러다임을 버리세요. 그런 시 쓰는 시인들은 성공하고 존경받지만 그들은 이 시대에 아무것도 남긴 게 없어요. 아무튼 최근의 우리 시단은 너무 웃기죠. 한마디로 시장 바닥 같아요. 이건 코미디가 아니라 비극이죠.

K 형! 비 오는 밤 떨리는 손으로 이 글을 씁니다. 난 지금 엉덩이에 이명래고약을 붙이고 의자에 앉아 있어요. 마른 엉덩이에 종기가 나서 앉기가 힘들지만 비가 와서 비가 와서 이 글을 써요. 이런 밤엔 빵에 버터를 발라 먹는 게 좋아요. 언제

나 무대엔 당신 혼자라고 생각하세요. 진창이 연못이고 연꽃이고 양복이고 가게 이름입니다. 이 비 그치면 추워지겠죠. 거긴 어때요? 내가 이런 글 썼다고 또 주정해도 좋아요.

이문동

 신혼 초 창문도 없는 작은 사글셋방 해 질 무렵이면 아내는 밥하고 난 포대기도 없이 어린 상규 등에 엎고 방바닥에 무슨 책을 펼쳐놓고 엎드려 책을 읽었지. 그때는 부엌도 없었다. 그럼 아내는 어디서 밥을 했을까? 그 방은 원래 대학원 석사 과정 때 내가 잠만 자던 방. 외대 앞 골목길 돌아가면 공터가 나오고 공터엔 오래된 나무 한 그루 길가엔 세탁소 다시 좁은 골목길 지나 있던 집. 오늘도 해 질 무렵 이문동 지나면 작은 사글셋방에 어린 상규 등에 엎고 방바닥에 고개 숙이고 내가 책을 읽겠지.

거북이

 자다 말고 일어나 나보고 "코 내놔! 코 내놔!" 말하네. 턱을 흔들며 내가 자기 코 훔쳐갔다고 글쎄 더운 여름밤 거북이가 화가 난 모양이다.

무해무익

고개를 숙이면 고개가 숙여진다. 피곤해도 피곤해도 고개를 숙이고 우울해도 고개를 숙이지만 미안해도 숙이고 고기 먹을 때도 고개를 숙인다. 고개는 목 뒤에 있고 산에도 있고 언덕에도 있고 고개를 숙이고 고개를 넘는다. 고민이 많아도 고개를 숙이고 오리 볼 때도 숙이고 시 쓸 때도 숙이고 맥주 마실 때도 인사할 때도 구걸할 때도

화가 날 때는 숙이지 않지만 너무 화가 나면 고개를 숙이고 방으로 돌아온다. 꾸벅꾸벅 졸 때도 숙이지. 개들은 하루 종일 고개 숙이고 돌아다니고 지금 밖에 내리는 비도 고개 숙이고 내리네. 추운 나무도 고개 숙이고 서 있네. 나도 고개 숙이고 시를 쓰네. 궁둥이도 고개 숙이고 어깨도 숙이고 가슴도 배도 숙이겠지. 따뜻한 물에 빠지려고 나도 모르게 고개를 흔들며!

오늘도 해가 뜬다

 건장한 두 사내가 마른 사내를 데리고 들어온다. 마른 사내는 배에 손을 대고 의자에 앉으며 말한다. "담배 한 대만 줘! 담배 하나 때문에 이게 뭐야? 안 주면 죽어버릴 거야. 안 주면 치료 안 받아!" 그는 나무 의자에 앉고 두 사내는 서 있다. 대학병원 응급실. 의자에 앉은 사내가 또 소리를 지른다. "치사하게 담배 한 대가 인생을 망친 거야? 뭐야? 칼로 배를 찔러 죽을 거야!" 앞에 선 잠바 차림의 사내가 말한다. "모두 네가 한 짓이야." "그래도 한 대만!" "여기선 안 돼 여긴 병원이야." "그럼 밖에 나가 피우고 오면 되잖아?" 그때 응급실 담당 젊은이가 달려온다. "다른 손님들 생각도 하셔야죠. 다른 사람들이 무서워해요." 한 손에 포승줄을 든 셔츠 바람의 사내가 잠바 차림의 사내에게 눈짓을 한다. 그들이 말하는 담배는 담배가 아니다. 그들은 밖으로 나간다. 잠시 후 돌아온다. 두 사내는 형사다.

내가 나를 만나는 장소

 손님들이 나간 텅 빈 식당 앉은뱅이 탁자에 앉아 국밥 먹고 일어설 때 나이 어린 여자 종업원이 부른다. "선생님!" 그녀는 탁자에 남은 술병들을 치우며 손짓한다. "왜 그래요?" 다가가 묻는다. 그녀는 빈 술잔을 들고 "선생님이 여기 술 좀 따라주세요." 난 그녀의 술잔에 술을 따라주고 식당을 나온다. 겨울밤 바람이 차다.

비 오는 저녁

2층 카페 창가에 앉아 맥주 마시다 말고 또 담배에 불을 붙인다. "오늘 벌써 열 개비가 넘어. 집에선 여섯 개비까지 줄였는데 오늘은 비가 오잖아? 비가 오면 절제를 못 해. 오늘도 집에서 여섯 개비, 나오기 전에 한 개비, 옷 갈아입고 가방 들 때 또 한 개비, 여기 와서 네 개비. 큰일이야. 의사는 폐기종 초기라고 담배를 끊어야 한대. 그러나 그게 안 돼. 비가 오면 더 피우고 밖에 나오면 불안해서 더 피우고 이러다 숨이 막혀 죽을지 몰라. 그래도 이놈의 담배가 애첩이고 애인이고 정부고 연인이고 마약이야. 나 같은 늙은 시인에겐!"

양말

  하루 종일 신고 다닌 양말 벗어 방바닥에 던지면 밖엔 눈이 온다. 아무것도 먹지 않은 양말이 방바닥에 누워 창밖에 내리는 눈발 보는 저녁. 난 양말이 몇 살인지 모른다.

박의상

"모두 탕진하고 가는 거야. 승훈아. 난 네가 술도 못 마시고 담배도 못 피우고 사는 줄 알았어. 얼마나 기쁜지 몰라. 네가 이렇게 술도 마시고 담배도 피우고." 가을밤 인사동 골목 작은 카페 창가에 앉아 의상이 말한다. 그는 내가 수술받고 이렇게 술도 마시고 담배도 피우는 게 기쁘다고 기쁘다고 늦은 밤 카페에 앉아 수염 기른 얼굴로 웃으며 말하네.

옥상

병원 옥상에서 일본 의사 가즈시게가 말한다. "햇살이 강해요. 모자를 쓰시죠." "네. 그런데 지금은 슬리퍼를 머리에 쓰고 싶어요." 여대생 환자는 모자 대신 신고 있던 슬리퍼를 머리에 올려놓는다. 잠시 후 그녀는 슬리퍼를 입으로 가져가며 "이걸 먹고 싶어요." 말한다.

만두 먹는 저녁

서초동 2층 중국집 식구들이 모여 만두 먹는 저녁. 호준이도 만두 먹고 석준이도 먹고 나이 든 아내는 석준이 옆에 안경 쓰고 앉아 만두 먹고 아들도 먹네. 처제도 먹고 동서도 먹고 동서 사위도 먹고 조카 종호도 가을 저녁 중국집에 모여 만두 먹는 저녁. 나 혼자 맥주 마시네. 그래도 좋아 그래도 좋아. 난 맥주 마시는 게 만두 먹는 거야.

추운 산

 추운 산도 더운 산도 오늘은 모두 추운 산 하얀 산 어제 내린 눈 그대로 있고 아파트 뒤 운동장 보고 운동장 너머 추운 산 본다. 마음이 추우면 모두가 춥다.

주정

 어제는 나쁜 날 술에 취해 또 주정을 하고 큰일이다 큰일이야. 나이 든 제자 앞에서 술 마시다 말고 겨울 저녁 2층 카페 창가에 앉아 멀쩡히 술 마시다 말고 화장실 다녀와서 왜 갑자기 그런 소리가 나왔는지 나도 모른다. 갑자기 내가 미친 모양이다. 이젠 눈으로 듣고 귀로 말해야지. 촌 늙은이가 또 실수를 했구나. 낮은 낮에게 말하고 밤은 밤에게 말하지만 에라! 될 대로 돼라!

인생은 짧다

 술 마시면 취하고 미인 봐도 취하고 오늘은 골목에 취한다. 겨울 저녁 골목에 해가 나면 해에 취하고 바람에 취하고 내가 소를 타고 가나 보다. 좁은 골목 술집에선 술을 팔고 떡집에선 떡을 팔고 국밥집 소머리집 순댓국집 모두 나를 쳐다보며 웃네.

다만 현재를 산다

"멸치와 다시마는 위에 안 좋아요. 굳이 안주로 드시려면 소금기를 물에 우려내고 들도록 해요." 스님 말씀대로 해 질 무렵 맥주 마실 때 작은 종지에 멸치와 다시마 넣고 물을 부어 안주로 먹는다. 아내는 이런 나를 보고 "당신 참 머리가 나쁘네요. 그건 소금물 먹는 거야요." 말하네. "응. 그래? 내가 머리가 나쁘지." 말하며 맥주 마시고 오늘은 겨우살이 풀 끓인 약탕을 컵에 부을 때 또 한마디 한다. "국자로 떠 담으면 될 텐데 그렇게 부으면 약물이 쏟아져 마루에 흐르잖아요?" 과연 마루에 물이 흐른다. 난 부랴부랴 마른걸레로 마루를 닦는다.

은행 가는 날

 오늘은 은행 가는 날. 예금이자 몇 푼 준다고 연락이 와서 추워죽겠는데 추위도 잊고 추위도 잊고 은행 간다. 아내는 내가 은행 가는 걸 모르겠지. 은행엔 돈이 많고 서점엔 책이 많다. 서점 가려면 돈이 있어야 하지만 은행 가려고 책을 사는 건 아니다. 아무튼 공짜 돈 생겨 좋은 날 오늘은 기분 좋은 날 해가 나고 바람이 부네. 이런 날이 많았으면 좋겠다.

무엇이 시인가?

겨울 저녁 일곱 시 호준이가 목욕하다 말고 문을 열고 말하네. "함께 목욕해요." 그는 초등학교 3학년. 난 책 읽다 말고 "응. 난 오전에 목욕했어." 말했지. 그래도 그는 벌거벗은 채로 서서 말하네. "또 하면 안 돼요?" "응. 너 혼자 해. 난 오전에 했으니까." 그는 문을 닫고 나간다.

피카소 이야기

　이웃에 사는 어린이가 피카소를 찾아와 놀다 간다. 그는 피카소 그림도 구경하고 피카소가 그림 그리는 것도 구경하고 어느 날 백지 한 장을 들고 와 피카소에게 보여주며 말한다. "아저씨. 이게 제가 그린 그림이야요." "응 뭘 그린 거야?" "소가 풀을 뜯어 먹는 그림이야요." "소가 어디 있단 말이냐?" "소는 풀을 뜯어 먹고 집에 갔어요." "그럼 풀은 어디 있지?" 피카소가 묻자 아이는 "그야 소가 다 뜯어 먹었지요." 대답한다. 그때 피카소가 한 말 "내 눈엔 소가 보이질 않았다. 애야. 난 추상화로 사기를 치는데 넌 한술 더 뜨는구나."

시골 장터

업어주고 싶던 사람도
떠나고 여름 해 아래
서면 갑자기 귀가 먹
는다 여기저기 떠돌
며 오늘은 시골 장터
딱딱한 나무 의자에
앉아 술이나 마시자

시로 쓰는 어록

 외출에서 돌아오신 스님은 모자를 쓰신 채로 "이 선생. 봉우리 봉우리마다 잿빛 마른나무들이 있어요. 봉우리 봉우리마다 보이는 건 아득한 산봉우리들이고 셀 수 없는 봉우리 봉우리마다 죽은 잿빛 나무들이 있어요. 그건 죽음이 아니라 깨달음을 뜻해요. 그건 사량 분별이 끊어진 경지야." 의자에 앉지도 않고 계속 말씀을 하신다.

 "그리고 이 선생. 이번 동안거 해제일 법문에선 모두 들고 가라고 했어요. 지난 하안거 해제일 법문 때는 모두 두고 가라고 했지. 이번엔 법당 스님들에게 들은 것 본 것 공부한 것 드신 것 모두 들고 가라고." 겨울 저녁 봉우리 봉우리마다 차디찬 잿빛 마른나무 堆山績嶽 寒灰枯木!

증상을 즐겨라

 당신의 시엔 고민이 없어요. 좀 더 고민을 하세요. 좀 더 죽으세요. 치욕도 견디고 수모도 당하고 진창이 되세요. 너무 고와요. 침도 뱉고 당신과 싸우세요. 최근의 우리 시엔 고민이 없어요. 절망도 모르죠. 고민도 절망도 광기도 없는 이 쓰레기들! 물론 내 시도 쓰레기죠. 젊은 환상파들도 고민이 없어요. 환상은 상처를 먹고 삽니다. 트라우마 질병 한숨

 절벽을 먹고 살지요. 그러나 이들의 시엔 상처가 없고 그러니까 감동도 없고 전통파들에겐 기대할 게 없고 실험파들도 모험을 몰라요. 모험은 언어라는 법 속에서 이 법과 함께 이 법과 싸우며 추락하는 것 갈 데까지 가다가 죽는 겁니다. 인생이 썩으면 예술이 되고 사회가 썩으면 예술이 된다고 말한 건 백남준. 그러나 우리 시는 썩을 줄 모르고

 부식을 모르고 부패도 모르고 피로도 모르고 한마디로 죽음을 모릅니다. 말하자면 새로운 탄생을 모르죠. 실험 도전 모험은 고독한 시도이고 실패하려는 시도이고 죽으려는 시도입니다. 시 쓰기는 결국 시를 배반하고 위반하고 폭로하는 행위입니다. 최근엔 형식의 사상성에 대해 다시 생각하고 있습니

다. 오늘은 비가 온다고 했지만 비는 안 오고

하루 종일 날씨가 흐리고 흐린 날 흐린 날이 좋았지만 이젠 지겹고 그동안 쓴 시도 지겹고 모두 사치고 쇼고 허위죠. 그건 내가 잘 알아요. 문제는 형식이고 사상이고 형식의 사상입니다. 문체 형식 스타일이 사상이고 사유이고 스타일이 사고하고 사유하고 사고 치고 사유는 사고 우연 뜻밖의 사건입니다. 이런 말도 개수작이죠 좋아요 개수작도

이 정도로는 안 돼요. 나도 알아요. 사는 건 희극 코미디 난 지금 왼손에 담배를 들고 이 글을 쓰다가 입에 물고 쓰지요. 옛날에 피우던 타르 1mg 에세를 위암 수술 받고 최근엔 0.5mg 에세로 바꿨지만 문제는 이놈의 에세에선 담뱃재가 아무 데나 떨어진다는 거야요. 지금도 담배 불똥이 종이에 떨어지고 부랴부랴 불똥을 재떨이에 털었지만

하얀 종이에 불똥 자국이 생겼어요. 이 자국이 형식이죠. 불똥은 사라지고 사라진 불덩이 사라진 불덩이의 흔적이 형식이고 사유이고 문득 당신 생각도 나고 사유는 당신의 부재의 흔적이고 죽음의 흔적이고 이 흔적이 형식입니다. 그러니

까 죽음이죠. 죽음의 흔적 이것도 협잡인지 몰라요. 흐린 날 흐린 날 내 시에도 고민이 없어요.

투명한 날

 지난해 가을엔 아우가 모는 차를 타고 성묘 가고 오늘은 아들이 모는 차를 타고 성묘 간다. 춘천공원묘지 입구 보리밥 식당 마당에 차를 세운다. 초가을 오후 한 시. 구두를 벗고 식당으로 들어간다. 지난해 앉았던 창가엔 시골 여인들이 식사 마치고 한담을 나누고 우린 다른 자리에 앉는다. 젊은 총각이 온다. "아버지 뭐 드실래요?" 마주 앉은 아들이 묻는다. "보리밥을 시키지. 그럼 호준이는?" "그래 호준아 넌 뭘 먹을래?" 메뉴엔 호준이 먹을 게 없다. "그럼 호준이 감자 부침 하나, 아버지 보리밥 하나, 저 막국수 하나 시키죠." 잠시 후 식사가 나온다. 앉은뱅이 탁자에 둘러앉아 호준이는 감자 부침 먹고 난 보리밥 먹고 아들은 막국수 먹는다. 창밖을 본다. 더운 해만 내리는 마당 잠자리 한 마리 날아가는 가을 오후.

아무도 없는 봄

 밖에 나가 음매 하고 돌아오고 방에 있다 다시 나가 하늘 보고 음매 하고 돌아오네. 아무도 없는 봄 대문 앞에서 지나가는 닭을 보고 음매 하고 돌아오지. 책 읽다 말고 가슴이 막히면 또 뛰어나가 음매 하고 돌아오는 봄.
 머리 아프면 번개처럼 뛰어나가 골목 보고 음매 하고 지나가는 개를 보고 음매 하면 개가 웃지. 웃어라 나를 먹어라. 이 뼈다귀를 먹고 진창을 먹고 귀신을 먹어라. 다시 돌아와 방에 앉지만 사는 게 지옥이든 천국이든 밥 먹다 말고 다시 나가 음매 하고 돌아오는 봄.

무얼 어디서

어디 가요? 물으면 밥 먹는 시늉을 하고 어디 가요? 또 물으면 모자 쓰는 시늉을 했지 두 손으로 모자 쓰는 시늉하며 가네 누가 나를 보면 딱하구나 하겠지 아마 병원에서 퇴원하고 몸이 몹시 약해진 모양이야 그러겠지

광대들의 명상록

2층 아파트에서 짐을 싸다 말고 베란다로 가서 마당에 침을 뱉는다. 그때 아파트로 들어서던 남자의 머리에 침이 떨어지고 그가 쳐다보며 욕을 한다. "미안합니다." 말하고 돌아와 짐을 쌀 때 키가 큰 여인이 문을 열고 들어온다. "누구세요?" 그녀는 자기도 함께 가겠다고 말한다. "난 며칠 절에 가서 쉬려고 그래요." 내가 말하자 "저도 그래요." 처음 보는 그녀가 말한다. 도대체 뭐가 뭔지 모르겠다.

겨울 오후

 겨울 오후 대전 버스 터미널 가방 들고 지나갈 때 미친 여자가 "배가 고파 그래요. 천 원만 줘요." 손을 내밀며 말하네. 난 코트 주머니에서 동전 몇 개 주며 말했지. "천 원짜리가 없어요." 물론 주머니엔 천 원짜리 지폐가 있었겠지. 내가 이런 인간이다.

파리

 호준이는 파리채 들고 벽에 앉은 파리 한 마리 잡고 말하네. "파리 한 명 잡았어." "한 명이 아니라 한 마리야." 아내가 파리 잡는 호준이 보고 말하네.

사람이 그립다

 홍 선생 만나면 비 오던 여름 저녁 만해마을 입구 작은 식당 마루방에 앉아 맥주 마시던 생각이 나요. 식당 이름은 생각나지 않고 함께 있던 외국인 총장 이름도 생각나지 않고 함께 온 대학교수 통역하시던 분 이름도 생각이 안 나요. 이치란 교수야요. 그래 이치란 교수. 이상국 송준영도 함께 있었죠. 창문으로 빗발이 쳐 식당 마루가 젖었잖아요?

 그리고 홍 선생 비 내리던 백담사 식당 구석방에 앉아 오현 스님 모시고 먹던 소바 생각이 나요. 네 메밀국수 스님이 좋아하시는 음식이야요. 난 겁이 났죠. 밀가루 음식을 먹으면 탈이 나니까. 소바가 밀가루로 만든 줄 알았어요. 이상시문학상 시상식 끝나고 인사동 지리산에서 마주 앉은 홍 선생과 맥주 마시며 이야기하는 밤 밖에는 비가 오는 느낌이다.

해가 지면

해가 지면 "이정현!" 아파트 마당에서 아이 부르는 여자 목소리가 들린다. 어제도 "이정현!" 목소리가 들리고 오늘도 "이정현!" 목소리가 들린다. 난 정현이가 누군지 모른다. 여름 저녁 들리던 소리가 가을 저녁에도 들리고 매일 저녁 해가 지면 "이정현!" "이정현!" "이정현!" 세 번 부르고 조용해진다.

한번 웃는다

"잠시 기다려야 해요. 자리가 없어요." 금요일 오전 열 시. 정형외과 물리치료실. 밖에는 비가 온다. 난 치료사 탁자 앞 소파에 앉아 벽을 바라본다. 벽에 걸린 그림이 한쪽으로 기울어진 상태다. 소파에서 일어나 액자를 바로 건다. 그러나 또 기울어지고 다시 걸어도 또 기울어지고 "이상하네요. 바르게 걸어도 계속 비뚤어져요." 치료사 보고 말했지. "그대로 두세요. 아무도 안 보는걸요." "그래도 신경이 쓰여서." 밖에는 비가 온다.

비를 피해

 시골 여관방에 앉아 포르노 보던 저녁도 있고 누워 있던 저녁도 있고 "맥주 두 병만 주시오." 말하던 저녁 신경쇠약으로 고생하던 저녁 멍멍 짖던 저녁 이가 빠지던 저녁도 있고 가방 잃어버린 저녁 어쩌란 말인가? 강의를 마치고 돌아오던 저녁도 있고 누구 찾아가던 저녁 시외버스 터미널 플라스틱 의자에 앉아 있던 저녁 구두를 벗고 발가락 보던 저녁 바구니를 사던 저녁 바구니든 비구니든 무엇이 문제야? 그 저녁이 남자든 여자든 문제가 안 된다.

나는 무엇을 아는가?

오현 스님 전당게 받고 백담사에서 돌아온 저녁 아내가 묻는다. "당호가 뭐야요?" "응. 스님 말씀이 시방세계에서 큰 지팡이가 되래." "당호가 너무 커요. 그러나 아무튼 잘됐어요. 난 당신이 죽을 때 정신병원 침대에 누워 죽을 줄 알았는데 잘됐어요." 스님이 주신 전당게 보며 아내가 하는 말이다.

천둥 치는 저녁

 이 비는 갑자기 오는 비 갑자기 오고 갑자기 가는 비 또 천둥이 치네. 천둥 치는 저녁 중국집에 전화를 한다. "여기 진흥아파트 7동 303호입니다." "네? 진흥아파트요?" "네. 탕수육 하나 보내주세요. 초등학생과 중학생이 먹을 겁니다. 크기가 어떤 게 좋을까요?" "네. 소짜 중짜 대짜가 있습니다. 소짜는 만천 원 중짜는 만 오천 원 대짜는 ——" "아이들이 먹을 겁니다." "그럼 소짜로 하시죠." "아니 중짜로 보내주세요." 천둥 치고 비 오는 저녁 호준이 석준이 먹으라고 중국집에 전화를 한다.

파리 한 마리

 파리 한 마리 날아오네. 손으로 쫓으면 날아가고 잠시 후 다시 날아오고 책 읽다 말고 신경질이 나서 일어나면 보이지 않고 다시 앉으면 책상 앞 유리창에 앉는다. 파리채로 갈기려다 그만두고 창문 열며 "어서 나가!" 그랬지. 파리는 내 말 못 알아듣고 또 방구석으로 날아가네. 창문까지 열어주고 나가라고 했지만 이번엔 반쯤 열린 창문에 앉아 있네. "에라 모르겠다." 다시 일어나 파리채로 보기 좋게 한 대 갈긴다. 파리가 죽는다. 파리가 아닌지도 모른다.

시 2

  시에는 서정시도 있고 남자가 쓰는 시 연필로 쓰는 시 상을 받는 시 휴지가 되는 시 아직 쓰지 않은 시도 있고 벌써 끝난 시 길들여진 시 젖을 빠는 시 발로 쓰는 시 멀리서 볼 때 대머리 같은 시 미친 시도 있다 엉터리 교수들이 쓰는 시 발표하지 않은 시

  쓰다 만 시도 있고 바다가 쓰는 시 멍멍 짖는 시 산문시도 있고 의자가 쓰는 시 버스표를 내지 않은 시 전철을 타고 가는 시 주인 없는 시도 있고 연구실에서 쓰다 비가 와서 집으로 돌아와 쓰는 시 내가 읽어도 한심한 시 고개를 숙이고 쓰는 시

  임산부가 쓰는 시도 있고 문을 닫는 시 도망가는 시 화장실에서 쓰는 시 표절하는 시 자연을 도둑질하는 시 언어와 싸우는 시 침을 뱉는 시 주사를 맞는 시 늙은 여자가 쓰는 시도 있고 밑씻개가 되는 시 모자를 쓰고 앉아 쓰는 시 밥 먹다 말고 쓰는 시

  교수가 되려고 쓰는 시 유명해지려고 쓰는 시 벌거벗은 여자가 쓰는 시 프랑스 시 독일 시 한국 시 뉴욕 시 서울 시 새에게 돌을 던지는 시 부엉이가 쓰는 시 항문처럼 슬픈 시 기계가

쓰는 시 노망이 든 시 아무튼 잠시 쉬자 모든 시가 동대문이다

아들 전화

미국 간 아들이 이따금 전화를 한다. "아버지 좀 어떠세요? 병원에서 뭐래요?" 위암 수술 받고 좀 어떠냐는 안부 전화다. 난 거실에서 수화기를 들고 창밖을 보며 말한다. "응. 괜찮아." "의사 선생님은 뭐래요?" "결과가 좋대." "식사는요?" "식사도 제대로 하고 술도 마시고 며칠 전엔 담배도 시작했어. 그런데 힘이 없고 집중이 안돼." "그건 늙으셔서 그럴 거야요." 그렇다. 나이 들면 늙고 힘이 없다.

언젠가 모르겠다

봄날 저녁 길을 가다
돌아보면 아무도 없
고 다시 고개 숙이고
가면 누가 따라오는
것 같아 다시 고개 돌
리면 아무도 없다 그
저 웃으며 간다

오현 스님 3

백담사 하안거 해제일 법당엔 스님들이 앉아 있고 오현 스님은 법상에 올라 "모두 놓고 가시오. 석 달 동안 여기서 본 것 들은 것 드신 것 공부한 것 모두 놓고 떠나시오." 설법을 마치고 법상에서 내려오신다.

가을 산길

맨 앞에 아버지가 가고 나는 아버지 뒤를 따라가고 오리는 내 뒤를 따라오고 모처럼 산길에서 만나 함께 길을 가지만 도시락도 들고 가지만 아무도 말이 없다 아버지는 옛날에도 말씀이 없으셨다 나도 아버지 닮아 말이 없고 오리도 말이 없다 가을 산길

내가 화두다

오전 산책에서 돌아와 박찬일 시인 핸드폰을 받는다. "선생님 오늘 중앙일보 보셨어요? 어제 찍은 사진도 나오고 기사도 좋았어요. 기사는 오정희 선생님과 선생님 이야기가 중심이야." "그래? 원로 대접을 받았군." 아침 겸 점심 먹고 부랴부랴 밖으로 나간다. 강남역 입구 신문 가판대에서 중앙일보와 한국일보를 사 들고 온다. '춘천, 마음으로 찍은 풍경' 출간 기념 모임은 어제. 오늘은 기사를 읽는다.

오후에 책상에 앉아 원고 쓸 때 또 핸드폰이 온다. 이번엔 박남철 시인 전화다. "선생님 신문 보셨어요? 중앙일보 한국일보 한계레 경향신문 연합뉴스 모두 잘 다뤄줬어요. 그리고 참 코끼리 시론 꼭 좀 부쳐주세요. 그런데 기사는 선생님이 제일 많아요." "그래요? 원로 대접을 받았군." 전화 받고 또 모자 쓰고 부랴부랴 밖으로 나간다. 바람이 차다. 강남역 입구 신문 가판대에서 한겨레 기타 신문을 산다. 내가 이렇다. 아직도 신문에 이름이 나면 애들처럼 정신을 못 차린다.

비

비를 업고 간다. 오늘 오는 비는 좋은 비 따뜻한 비 그동안 너무 추웠다. 이 비 등에 업고 언덕 너머 언덕 너머 가면 언덕 너머 그대 있겠지. 착한 비 업고 그대 찾아가는 내가 엄마다.

사랑

그대 덥석 깨물고 싶은 저녁도 있고
덥석 안고 싶은 저녁도 있고
덥석 먹고 싶은 저녁도 있지

덥석 주저앉고 싶은 저녁
그대 덥석 움켜쥐고 도망가고 싶은 저녁
그대 덥석 깨물고 싶은 저녁

그러나 언제나 그대 손 흔들고 떠나네

맨발

 한 여자가 맨발로 다가와 낮은 목소리로 말하네. "선생님 우리 발을 대봐요." "그래 발을 대보자." 그녀는 왼발 나는 바른발을 댄다. 가을 오후 들판인지 어떤 집 마당인지 장소는 모르겠다. "어머! 제 발이 더 크네요." 그녀 말을 듣고 보니 과연 그녀 발이 내 발보다 더 크더라.

| 시론 |

영도의 시 쓰기

이승훈

　최근에 내가 생각하는 것은 영도의 사유이고 사유의 영도이다. 영도의 사유는 아무것도 사유하지 않는 사유이고 사유에 대한 의식이 소멸한 사유이고 극단적으로 말하면 사유가 사유하는 사유이다. 내가 이런 생각에 도달한 것은 그동안 추구한 자아 찾기와 관계된다. 그동안 나는 시를 쓴 게 아니라 자아를 찾아 헤맨 셈이고 그것은 초기의 자아 찾기, 중기의 자아 소멸, 후기의 자아 不二 개념으로 발전한다. 정효구 교수는 고맙게도 내가 쓴 시론을 중심으로 그동안의 내 작업을 비주체, 비대상, 비언어, 불이의 개념으로 새롭게 정리하고(정효구, '비대상의 시론에서 불이의 시론까지', 한국 현대시와 평인의 사상, 푸른사상, 2007), 허혜정 시인은 그동안의 내 시 쓰기가 비대상 시론에 기반하고 그 연장 선상에 있다고 새롭게 해석한 바 있다(허혜정, '이승훈도 없고 이승훈 씨도 없다', 시인시각, 문학의전당, 2007, 겨울호).

비대상은 시 쓰기를 구성하는 세 요소 자아—대상—언어 가운데 대상을 괄호 친 상태에서 언어를 매개로 자아를 찾는 과정이고 그것은 자아의 심층에 억압된 무의식을 터뜨리는 작업으로 요약된다. 그러나 이런 자아 찾기는 그 후 후기구조주의 철학과 만나면서 자아는 없고 언어만 있다는, 그러니까 자아도 언어에 지나지 않는다는 사유로 발전하고 그 무렵 나는 언어가 시를 쓴다는 이상한(?) 주장을 한다. 자아가 언어라는 점에서 주체로서의 나는 소멸하고 언어만 남는다. 그러니까 내가 말하는 자아 소멸의 단계는 자아가 언어에 지나지 않고 따라서 언어가 시를 쓰는 단계. 그러나 그 후 우연한 기회에 나는 '금강경'과 만나고 그동안 내가 찾아 헤맨 자아가 결국은 허상이고 환상이고 꿈이고 허깨비라는 사유에 도달한다.

그러니까 자아는 없는 게 아니라 있는 것도 아니고(不一) 없는 것도 아니다(不異). 자아가 그렇다면 대상도 그렇다. 이른바 我空 法空이다. 시집 『인생』이 전자를 강조한다면 시집 『비누』는 후자를 강조한다. 그렇다면 언어는? 언어 역시 무슨 본질, 자성, 토대가 있는 게 아니라 불이 개념을 토대로 한다.

언어를 구성하는 기표와 기의, 혹은 기호와 대상은 불이의 관계에 있고 따라서 언어를 매개로 하는 시 역시 그렇다. 시와 일상도 불이의 관계에 있고 시집 『이것은 시가 아니다』에서 내가 강조한 것이 그렇다. 결국 무엇이 남았는가?

  자아도 사라지고 대상도 사라지고 언어도 사라지고 남은 것은 영도의 사유이고 사유의 영도이다. 선불교의 시각에서 영도의 사유는 아공, 법공 다음 단계에 해당하는 이른바 俱空, 곧 아무것도 원하는 게 없는 無願의 세계이고, 그동안의 시 쓰기를 전제로 하면 자아-대상-언어가 소멸한 다음의 사유이다. 그러나 자아-대상-언어가 소멸한 상태에서 시 쓰기는 과연 가능한가? 최근의 화두이다. 결론부터 말하면 이런 시 쓰기는 영도의 시 쓰기이고 그것은 쓰는 행위만 남는 시 쓰기이다. 그러므로 나는 최근에 내 시 쓰기의 구조를 자아-대상-언어의 삼각형 구조에 역삼각형이 첨가되는 다이아몬드 구조로 변형시키고 역삼각형의 꼭지점에 '쓰는 행위'가 나온다. 그러나 이런 문제를 주제로 시론을 쓰고 아직 발표하지 않은 상태다. 도표로 나타내면 다음과 같다.

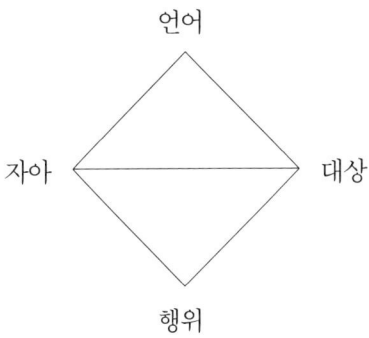

　쓰는 행위를 첨가했다고 하지만 첨가가 아니고 이런 요소가 개입하면서 이제까지 내가 관심을 둔 자아, 대상, 언어는 사라지고 쓰는 행위만 남는다. 이런 문제, 곧 자아도 대상도 언어도 사라진 상태에서 시를 쓰는 문제는 시론집 『정신분석 시론』(문예출판사, 2007) 후반에서 주장한 자아 해방의 시 쓰기의 연속 선상에 있고, 시론집 『현대시의 종말과 미학』(집문당, 2007) 제3부에서 주장한 禪을 지향하는 시 쓰기와 관계되고, 개인적으로는 재일 화가 이우환의 전위예술 '모노파'를 다시 읽으며 확신이 섰다.

　이 문제는 시론 「모노와 해방시학」으로 정리했지만 발표를 하지 않은 상태다. 아니 발표를 못한 상태다. 많은 문예지가 있고 시지도 있지만 대체로 무슨 기획 원고나 특집 원고만 실어 이런 논문은 발표하기도 어렵다. 한편 이런 사정은 이따금 문인들을 만나도 누가 무슨 공부를 하고 시에 대해 무슨 생각을 하고 글을 쓰고 있는가에 대해선 정보 교환이 없고, 한심한 잡담이나 스캔들 이야기로 끝나는 우리 문단 풍토와도 관계가 있다. 그렇다고 나이 든 양반이 원고를 들고 여기저기 다닐 수도 없고 또 원고료도 문제다. 시야 원고료 없어도 발표하지만 논문을 그렇게 발표하는 건 자존심도 상하고 그래서 차라리 묻어두었다가 기회가 되면 책으로 내는 게 좋겠다는 생각으로 그동안 건강이 허락하는 대로 몇 편의 시론을 썼다.

그 가운데 하나가「모노와 해방시학」이고 이 글에서 내가 강조한 것은 만들지 않는 시 쓰기, 대상을 초월하는 시 쓰기, 무엇이나 시가 되는 시 쓰기이다. 이런 시 쓰기는 자아 해방을 노리고 이 글은 내가 생각하는 영도의 시 쓰기에 자극을 준다. 그러나 이 글을 쓰고 거의 한 달 동안 나는 글을 쓰지 못했고 머리가 맑지 않았고 매일 두통약 타이레놀과 감기약 판피린을 먹었고 영도의 시 쓰기에 대한 사유는 더 이상 발전되고 심화되지 않았다.

그리고 시론「영도의 시 쓰기」를 쓰고 겨울이 오고 또 아무 글도 못 쓰고 있던 차에 이 글을 쓴다. 언제 미칠지 모른다는 불안 속에서 이 불안과 싸우며 마침내 내가 도달한 곳은 영도의 사유이고 사유의 영도이고 영도의 시 쓰기이다. 나는 지금 2010년 1월에 이 글을 쓰는 게 아니다. 이 글은 새로 쓰는 글이 아니고 2008년 봄 오탁번 형이 펴내는 시지 《시안》에 발표한 걸 다시 손질하는 것. 그동안 나는 시론집 『라캉 거꾸로 읽기─해방시학을 위하여』(월인, 2009)를 펴내고 이 책은 라캉의 이론을 선불교의 시각에서 나대로 해석한 것이다. 「모노와 해방시학」, 「영도의 시 쓰기」는 이 책에 수록했다. 그리고 이 책의 일부를 텍스트로 2009년 1학기 한양대 대학원 국문과 박사과정에서 강의를 하고 그때 제자들이 녹음한 걸 그대로 2010년 1월부터 12월까지 정진규 형이 펴내는 시지 《현대시학》에 연재하기로 했다. 시론 「영도의 시 쓰기」에서 강조한 결론 부분을 요약하면 다음과 같다.

첫째로 영도의 시 쓰기는 자아 혹은 주체가 없는 시 쓰기다. 자아가 없기 때문에 의도가 없고 목적이 없고 시작도 끝도 없이 나오는 대로 쓴다. 둘째로 영도의 시 쓰기는 대상이 없는 시 쓰기로 그것은 두 문맥을 거느린다. 하나는 대상이 없기 때문에 대상과 꿈, 현실과 환상의 경계가 해체되고, 다른 하나는 대상이 없기 때문에 무엇이나 시가 된다. 셋째로 영도의 시 쓰기는 언어가 없는 시 쓰기다. 말이 되는가? 말이 되면 어떻고 안 되면 어떤가? 언어가 사유이고 질서이고 법이라는 점에서 언어 없이 쓰는 시는 생각 없이 쓰는 시, 사유의 영도를 지향하는 시이고, 시의 문법, 기법, 형식이 파괴되고 장르의 경계가 해체되고 의미가 없는 빈 기호, 블랑쇼가 말하는 찬란한 자명성을 지향한다.

끝으로 영도의 시 쓰기는 바르트 식으로 말하면 문학적 언어의 죽음, 백색의 글쓰기를 지향하고 문학적 언어의 죽음은 문학의 죽음과 통한다. 요컨대 의미와 문체가 없는 글쓰기다. 그저 어떤 사물, 상황, 사건이 있을 뿐이고 목적, 의도, 의미는 없고 따라서 순결한 글쓰기이고 이제 시 쓰기는 아무 목적 없는 글쓰기가 된다. 영도의 시 쓰기는 시에 대한 질문에서 문학, 글쓰기에 대한 질문이 되고 그러므로 시는 비평이고 시론이다. 있는 그대로 살고 있는 그대로 쓰자. 삶도 흘러가고 영도의 시 쓰기도 흘러가고 당신도 나도 흘러간다.

내가 생각하는 禪은 관념, 정서, 사유, 분별 같은 삶의 때와 먼지와 냄새들이 말끔히 사라진 투명한 空이고 마침내 禪이니 부처님이니 공이니 진리니 하는 냄새도 모두 사라져야 할 것이다. 그러므로 영도의 사유도 버리고 버린다는 생각도 버려야 한다. 남는 건 趙州 선사의 無이고 이 무가 무와 통한다. 어떤 스님이 조주 선사에게 "화상께서는 남전을 뵈었다는데 그게 사실입니까?" 묻자 선사는 "진주에선 큰 무가 난다"라고 대답한다. 어제는 서울에 큰 눈이 왔다. 무슨 설명이 필요하고 사유가 필요하고 언어가 필요한가?

진주에선 큰 무가 나고 어제 서울에는 큰 눈이 오고 배고프면 밥 먹고 잠이 오면 잔다. 진주에선 그저 큰 무가 날 뿐이고 어제 서울에는 큰 눈이 내렸을 뿐이다. 무슨 목적이 있고 의미가 있고 관념이 있는가? 있는 건 아무것도 없고 따라서 큰 무는 큰 無이고 이 無가 동시에 有다. 없음이 있다. 무는 어디 있고 유는 어디 있는가? 無는 먹는 무, 오늘도 해 질 무렵 주방 싱크대에 서서 내가 베어 먹는 무이다. 그러므로 평상심이 도이고 마침내 영도의 시 쓰기 같은 것도 없고 일상의 언어가 진리이고 이 쓰레기 같은 세상이 부처님이다. 모든 게 없기 때문에 있고 나도 없기 때문에 있다.

그저 쓰는 행위만 있는 시 쓰기. 난 시를 포기하고 시를 쓰지만 좀 더 죽어야 하고 좀 더 무미건조해야 하고 좀 더 바보가 되어야 하고 앙상한 겨울나무가 되어야 할 것이다. 최근의 화두이다.